学汉语分级读物

⑱

Qín Shǐhuáng De Gùshi

# 秦始皇的故事

第3级

历史故事

陈贤纯 编著

北京语言大学出版社
BEIJING LANGUAGE AND CULTURE UNIVERSITY PRESS

图书在版编目（CIP）数据

秦始皇的故事 / 陈贤纯编著 . -- 北京 ：北京语言大学出版社，2019.8

（学汉语分级读物 . 第 3 级 ：历史故事）

ISBN 978-7-5619-5488-1

Ⅰ. ①秦…　Ⅱ. ①陈…　Ⅲ. ①汉语－对外汉语教学－语言读物　Ⅳ. ① H195.5

中国版本图书馆 CIP 数据核字 (2019) 第 162023 号

# 秦始皇的故事

QIN SHIHUANG DE GUSHI

责任编辑：唐琪佳　李　凯　　封面制作：西吉文化
插图绘制：北京冰河插画工作室　西吉文化
排版制作：北京创艺涵文化发展有限公司
责任印制：周　燚

出版发行：北京语言大学出版社
社　　址：北京市海淀区学院路 15 号，100083
网　　址：www.blcup.com
电子信箱：service@blcup.com
电　　话：编辑部　8610-82303647/3592/3395
　　　　　国内发行　8610-82303650/3591/3648
　　　　　海外发行　8610-82303365/3080/3668
　　　　　北语书店　8610-82303653
　　　　　网购咨询　8610-82303908
印　　刷：北京中科印刷有限公司

版　　次：2019 年 8 月第 1 版
印　　次：2019 年 8 月第 1 次印刷
开　　本：880 毫米 × 1230 毫米　1/32　　印　　张：3.375
字　　数：53 千字　　定　　价：29.00 元

PRINTED IN CHINA

# 编写说明

**这是什么书？**

这是为学汉语的人写的课外读物，有民间故事、文学故事、历史故事三个部分，一共有 50 本。

**谁读这些书呢？**

第一，学汉语的外国人；第二，生活在海外的华人子女；第三，中国国内学汉语的少数民族学生，甚至包括中国的小学生。

**这些书有意思吗？难不难？**

1. 这些书讲的故事很有意思，有很多中国文化的内容。你们在学习汉语的同时，也能了解中国文化。

2. 故事很容易懂。

我们把这些书分为三个等级：

| 级别 | 内容 | 册数 | 汉字量 |
|---|---|---|---|
| 第 1 级 | 民间故事 | 10 本 | 500 字 |
| 第 2 级 | 文学故事 | 20 本 | 800 字 |
| 第 3 级 | 历史故事 | 20 本 | 1200 字 |

第 1 级是最容易的，10 本书都是中国的民间故事。只要认识 500 个最常用的字，不用查词典，就能轻松读懂这 10 本书。

第 2 级有 20 本书，都是中国古代最有名的小说里的故事，认识 800 个汉字的人可以读懂。小说本来是很难的，可是我们讲得很简单，很容易懂。

第3级也有20本，认识1200个汉字的人可以读懂。这里讲的历史故事发生在2000多年前的中国。为什么给你们看过去的故事？因为文化是从过去来的，看看2000多年前的故事，才能真正知道中国人现在为什么这样想，为什么这样做。

每一本书都只有很少的字比较难，这些字有拼音，有插图，有说明，可以帮助你们读懂。

3. 每一本书都只有2～3万字，很快就可以读完一本，阅读会成为一件轻松、快乐的事。

4. 这套书一共有50本，很多，内容很丰富。读完这50本书，你们不但能了解中国文化，而且再也不会觉得中文难读懂了。

怎么样？快打开书，读一读这些有意思的故事吧！

# 关于历史故事

跟民间故事和文学故事不同，历史故事是真实的历史，是以前发生过的事。

这 20 本历史故事，选自公元前 770 年到公元前 202 年的历史。以《左传》《史记》《国语》《战国策》等历史记载为根据，只在细节上有一些连接和想象。

中国的历史很长，故事很多，为什么只选这一段时间？

这一段时间，正是春秋战国到秦朝末年。这是一个乱世，乱世故事多。

这一段时间，也是中华民族文化大发展的时候。

中国文化的很多思想来自这个时期，很多故事来自这个时期，很多成语来自这个时期。

这个时期是中华文化的源头。

要了解中国，必须了解中国文化。

要了解中国文化，就不能不了解春秋战国时期的历史。

历史故事每一本书都有一个编号，编号是根据时间的先后决定的，年代更远的在前面，年代较近的在后面。读者可以根据编号的先后阅读。

## 故事简介

公元前237年，嬴政亲政以后，清除了嫪毐和吕不韦的势力，用十年时间统一了六国，建立起一个中央集权的国家，称自己为始皇帝。然后，他又统一了文字和度量衡。

秦始皇梦想长生不死，派很多方士去找仙药，结果被方士们骗了。方士和儒生们说他的坏话，秦始皇很生气，烧掉了百家的书，坑杀了460多个方士和儒生。

秦始皇抓全国的青壮年修长城，使很多老百姓家破人亡，最后他死在第五次出巡的路上。赵高改遗诏，立胡亥为二世皇帝。后来，赵高害死李斯，自己当了丞相。

这时，全国到处都起义了，秦帝国二世而亡。

# 目　录

# 嬴政亲政

公元前246年，嬴（yíng）政（zhèng）13岁时继位为秦（qín）王。13岁的嬴政还是一个孩子，当然不知道怎么管理国家，所以秦国大事由丞（chéng）相吕（lǚ）不韦（wéi）决定。

一直到公元前237年，嬴政22岁，长大成人了，已经有能力亲自管理秦国了。按规定，这时候要举行冠（guàn）礼，冠礼就是成人礼，正式宣（xuān）告秦王长大成人。从此以后，嬴政收回丞相手中的权力，开始亲政。

冠礼要在宗庙举行，秦国先王的宗庙在故都雍（yōng）城（现在的宝鸡市），所以嬴政和秦国的王族以及大臣（chén）们都到了雍城。

加冠的仪（yí）式刚刚举行完，忽然有人来报告说：大事不好，长信侯（hóu）嫪（lào）毐（ǎi）在咸（xián）阳造反，正带着军队进攻王宫。

嫪毐是什么人？他为什么要造反？他怎么敢造反？

这事儿说来话长，跟嬴政的母亲王太后赵（zhào）姬（jī）以及丞相吕不韦都有关系。

赵姬是赵国人，本来是邯（hán）郸（dān）的一个歌女，被吕不韦看中，买下来作为自己的妾。后来在邯

**权力** quánlì 决定事情怎么做、要求别人怎么做的力量。
**宗庙** zōngmiào 帝王拜祖宗的地方。
**妾** qiè 小老婆。

郸做人质（zhì）的秦国王孙（sūn）异人去吕不韦家，看见了赵姬，被赵姬的美丽迷住了，要求吕不韦把赵姬送给他。吕不韦就把赵姬送给了异人，后来生了嬴政。[见本丛（cóng）书《吕不韦的故事》]

公元前249年，异人当了秦王，赵姬就成了王后。可是，异人只当了三年秦王就死了。于是嬴政继位当了秦王，赵姬成了王太后。

赵姬只有30多岁，就成了寡妇。她住在深宫里，哪儿也不能去，周围都是一些宫女和太监（jiàn），连个说话的人都找不到。她觉得非常寂寞，每天都不知道做什么好。这样的日子实在是太无聊了，她觉得自己简直成了被圈（juàn）养的动物。

难道以后就这样了吗？她不甘（gān）心，她想起了吕不韦。于是，她派人去请吕不韦进宫来陪她，想要跟吕不韦重拾旧情。

吕不韦现在是丞相，管理着整个秦国，里里外外有很多事儿，非常忙，没有时间整天跟赵姬在一起。另外，吕不韦也非常害怕：赵姬现在是王太后，跟王太后发生不正当关系，那是要杀头的，一定不会有好下场。

吕不韦不愿意到后宫去，可是赵姬死缠（chán）着

**寡妇**　guǎfu　死了丈夫的女人。
**寂寞**　jìmò　自己一个人，没有人跟自己说话。

他不放。他没有办法，他不能得罪赵姬。赵姬的要求如果得不到满足，万一她闹起来，那就会有麻烦。

吕不韦知道，这不能怪赵姬，她一个人在后宫实在是太寂寞了。

怎么办呢？办法总是有的，这点儿事儿难不倒吕不韦。他决定找一个人，代替自己去陪赵姬。

谁呢？他想到了自己的一个门客——嫪毐。嫪毐也是赵国人，很年轻，身强力壮（zhuàng）。这个人没有什么本事，但是很会讨好人，很适合去侍候赵姬。

可是，在后宫侍候王太后的都是宫女和太监，一个陌生男人怎么能进后宫去呢？

吕不韦有办法，他用金钱买通王宫里的人，让嫪毐冒充太监进王宫去陪赵姬。赵姬对嫪毐很满意，从此不再来找吕不韦了。

吕不韦的办法看起来很成功。

可是，事情没有那么简单。不久，赵姬怀孕了。

一个寡居的王太后竟然怀孕了。这事儿肯定会成为王宫中的新闻，还会成为全秦国、全天下的新闻。

**得罪** dézuì 损害别人的利益，使别人不高兴。
**侍候** shìhòu 照顾别人，为别人服务。
**陌生** mòshēng 不认识的。
**冒充** màochōng 用假的当作真的。
**怀孕** huái yùn 女人肚子里有了孩子。

所以这事儿不能让别人知道，特别是不能让嬴政知道。

于是，王太后赵姬决定搬出王宫，离开咸阳到雍城去住，那里是秦国的故都，有很多宫殿（diàn）空着。

在雍城，只要赵姬不出来，就没人看见她，即使生一大堆孩子也没人知道。那些宫女太监们，谁敢说？除非他们不想要命了。

赵姬整天跟嫪毐在一起，他们生了两个孩子。由于王太后赵姬的宠（chǒng）爱，嫪毐一下子就变得非常富贵，要什么有什么。同时，王太后把各种事儿交给嫪毐，让他去办，因此嫪毐手中有很大的权力。

公元前239年，嫪毐被封为长信侯。赵姬又把太原郡（jùn）给了他，作为他的封国。嫪毐家中，仆（pú）人有几千人，还有门客1000多人。

嫪毐的势力已经跟丞相吕不韦差不多了。嫪毐因为有王太后做靠山，所以想做什么就做什么，秦国上上下下都怕他，没有一个人敢得罪他。

可是，物极必反，他的好日子快要完了。

实际上，无论王太后赵姬，还是嫪毐自己，都不懂政治，所以他们才会忘掉嫪毐的非法身份，到处显示自己的权力和富贵，弄得人人都知道。如果他们老老实实地低调过日子，也许好日子会过得长久一些。可是，嫪毐本来不过是街上的一个混混，头脑简单，爱显摆，一得势就不知道自己是谁了。他只知道满足自己的要求，根本想不到会有什么危险。

“这女人真没脑子！”吕不韦在家里狠（hěn）狠地骂赵姬。他完全没有想到赵姬会把嫪毐宠成这样。吕不韦心里非常着急，眼看着嬴政一天天长大了，他迟早会知道这件事儿。这样下去，总有一天要坏事儿。到那时，吕不韦自己也一定会受到牵连，会倒霉，因为嫪毐是他送进去的呀。可是现在他已经管不住赵姬和嫪毐了，只能眼睁睁地看着他们走得越来越远。

嬴政加冠亲政的时候，终于有人告发：嫪毐是个假太监，跟王太后私通，他们还生了两个孩子，都藏在宫中。嫪毐还跟王太后说好，如果嬴政死了，就让他们的儿子继位。

嫪毐听说有人去告发他，心里非常害怕，他知道嬴政一定会杀了自己。他问赵姬怎么办，赵姬也慌了神，她哪里有什么主意。嫪毐决定先下手为强，把嬴政杀了，说不定自己还有活路。

造反要有军队，可是嫪毐没有。不过嫪毐手里有嬴政和赵姬的玉玺（xǐ）。他用这两个玉玺假造文书，调动了附近几

玉玺

**倒霉**　dǎo méi　碰到坏事儿。

千人的军队，又带上他自己的人，去攻打王宫。

嬴政听说嫪毐造反，心中大怒，马上命令吕不韦调动军队去消灭他们。嫪毐根本不会打仗（zhàng），而且他带领的士兵知道了他想造反，都纷纷逃走了。这一仗，嫪毐大败。嫪毐一看不好，赶紧逃走了。

逃，能逃到哪儿去？普天之下都是王土。嬴政下令：活捉嫪毐的，赏（shǎng）钱100万；杀死嫪毐的，赏钱50万。

重赏之下，必有勇夫。秦国人全都动员起来了。

这样一来，嫪毐哪里还有藏身之地？他很快就被抓住了，被拉到咸阳街上车裂（liè）。车裂就是用五匹马分别拉着嫪毐的头和手脚，向不同方向拉，把身体拉断致死，也就是老百姓说的五马分尸（shī）。嫪毐和王太后生的两个孩子也被杀死了。跟嫪毐一起造反的还有二十几个高官，也都被杀头，灭三族。

王太后怎么办？

嬴政对母亲非常生气。可是她是自己的母亲，不能杀，于是嬴政就把她关在雍城，从此不想再见她。这是嬴政亲政以后做的第一件事儿。他一出手就显示出他做事果断坚决、手段强硬，是个能做大事的人。

他的大臣们劝他不要把自己的母亲关起来，他们认为这样做是不孝的。可是，嬴政对母亲很恼（nǎo）

**不孝**　búxiào　对父母不好。

火，她让自己太丢脸了。所以，他下命令说："谁要是再劝我放了王太后，我就杀了谁。"

嬴政杀人是不会手软的，为此他一口气杀了27个大臣。大臣中还真有不怕死的，竟然还有第28个人来劝他，跟他说："您这样对待母亲，这样对待进献忠（zhōng）言的大臣，天下的人听说以后，谁还会到秦国来呢？我实在是为秦国的前途担心呀。"

这一回，嬴政终于被说服了，没有再杀人，而且把母亲从雍城接回到咸阳的王宫中。

叛（pàn）乱平息了，嬴政也知道了吕不韦跟这件事儿有关系。不过他没有马上处理吕不韦。一来，是因为吕不韦的功劳太大。没有吕不韦，嬴政的父亲根本不可能当秦王，那么嬴政也就没有今天。二来，吕不韦的势力太大，如果处理得不好，会出大麻烦。本来嬴政对吕不韦非常尊敬，一直叫他仲（zhòng）父，可是出了这样的事儿，怎么处理，他要想一想。

一直到第二年十月，嬴政才做出决定：解除吕不韦的职务，让他到自己的封地洛（luò）邑（yì）去养老。

吕不韦没有被处死，这已经很幸运了。他到了洛邑以后，如果悄悄地低调过日子，也许嬴政不会再对他怎么样，渐渐地会把他忘掉。可是，吕不韦性格张

**性格**　xìnggé　做事或对人的方式、特点等。

扬，再说他身处高位时间久了，已经习惯了宾（bīn）客来往、被很多人围着的日子，他不可能悄悄地过日子。所以他到了洛邑以后，仍然有很多人去拜访他。他家门口总是有很多车马，六国都争着派使者来，请他去当丞相。

这使嬴政很担心：吕不韦仍然有实力，他要是叛乱，或者帮别国来攻打秦国怎么办呢？

过了一年多，嬴政终于下决心，给吕不韦写了一封很绝情的信，让他全家搬到蜀（shǔ）地去。蜀地也就是现在的四川（chuān）。

吕不韦知道嬴政已经不能容忍自己。他也知道，嬴政是个不念旧情的人。吕不韦觉得，让他偷偷地活着，还不如死了。于是他喝下毒（dú）酒自杀了。

吕不韦的门客，有的被嬴政赶出秦国，有的被流放到远处。清除了国内的危险，嬴政开始了统一六国的战争。

**张扬**　zhāngyáng　做事不低调，喜欢让别人都知道。

# 始皇帝

在吕不韦的门客中，只有一个人得到了嬴政的重用，他就是李（lǐ）斯（sī）。

李斯是楚国人，年轻时曾经做过地方的小官。这样的小官地位低，收入少，李斯很烦恼，觉得没有前途。

老鼠

有一次，李斯发现厕所里有老鼠（shǔ），正在吃不干净的东西，看到有人来了，吓得四处逃跑。后来，李斯又到官府的粮仓去。粮仓里也有老鼠，那里的老鼠吃得好，住大房子，而且很少有人去那儿，它们不用害怕。

两下一对比，李斯忽然明白，人其实就跟老鼠一样，日子过得怎么样，就看他在什么平台上。平台是最重要的。

这就是李斯的老鼠哲（zhé）学。

于是，李斯决定不当这种小官了。他到齐国去求学，拜荀（xún）子为师。荀子是儒（rú）家的大师，在齐国讲孔（kǒng）子的学说。不过，荀子根据当时的形势，同时也讲一些法家的思想。

**粮仓** liángcāng 放粮食的大房子。

李斯学成以后到了秦国。他知道东方六国都已经没有前途，只有秦国天下无敌，最后一定会灭掉六国。秦国才是自己需要的平台。他到秦国的时候，嬴政刚刚当秦王，吕不韦掌握大权。李斯到了吕不韦的门下。

吕不韦很喜欢李斯，让他当自己的随从。李斯经常跟着吕不韦出入王宫，因此也有机会见到秦王嬴政。

有一次，李斯对嬴政说，六国的力量已经很衰弱，眼下正是统一天下的大好时机，千万不能错过。如果错过了机会，六国又强大起来、联合起来，那就没办法了。

他的话说到了嬴政的心里，嬴政也很喜欢他，提拔他当了长史，后来又提拔他当了客卿（qīng）。客卿相当于最高顾问，由秦国以外的人担任。

本来，走上这个平台以后，李斯可以说很顺利，日子跟以前已经大不相同了。可是忽然出了一件事儿，使他的前途出现了危机。

几年前，从韩国来了一个水利专家，名字叫郑（zhèng）国，他向嬴政建议（yì）在关中平原修建一条水渠。这条300多里长的水渠建成以后，可以灌溉关中4万多顷（qǐng）土地，以后就不怕天不下雨了，能使关中成为秦国最富的地方。

**衰弱** shuāiruò 力量很弱小。
**水渠** shuǐqú 人工挖的河。
**灌溉** guàngài 把水送到田地里。

嬴政听了介绍，非常感兴趣（qù）。他正在担心发动统一天下的战争时，粮食可能供应不上。如果这条水渠修成了，粮食问题就解决了。

虽然修建一条这样的水渠非常难。那时候没有什么机器，全靠人力挖土，工具又十分简单，要用多少人力、物力，需要多长时间，简直不敢想。一般的人都会知难而退，谁都不会去干这种傻事儿。

可是，为了统一天下，嬴政还是咬牙决定修建水渠，并且命令马上就动工。

秦国差不多把全国的男劳力都派去修水渠了。水渠修了好几年，刚刚修到一半的时候，嬴政忽然听人说，这个水利专家郑国是韩国派来的。他让秦国人修水渠不是为了让秦国强大，而是为了让秦国人用全国之力忙于修水渠、做傻事儿，因此就没有能力发动战争，韩国就可以得到和平。

秦国人显然上当了，中了韩国人的计。

嬴政大怒，自己竟然被人骗了，这怎么能容忍？

“把郑国抓来！”他大声命令。

郑国被抓来了，嬴政要杀他的头。郑国一点儿都不害怕，他说：“让秦国人修水渠，这确实是韩国人的阴谋。可是水渠修好以后，对秦国有很大的好处，这

**阴谋**　yīnmóu　暗中做坏事儿的计划。

也是真的。水渠修了好几年，现在水渠修到一半，如果把我杀了，那就半途而废（fèi）了。秦国已经花了这么多人力、物力，什么也没得到，那就真的做了傻事儿。不如把它修完，对现在、对后代子孙都有好处。”

嬴政听了，觉得郑国说得有道理，就让郑国继续负责修水渠。

可是，这件事儿还没有完。因为很多六国人才来到秦国，受到重用，当了高官，使很多秦国贵族失去了特权。他们对这样的事儿已经怨恨很久。这次他们就想利用这件事儿，把这些人都赶出秦国，恢复自己的特权。

他们对秦王嬴政说：“这些人来到秦国都是别有用心的，他们虽然当着秦国的高官，可是往往为的是他们自己，这样的人根本不能信任。应该把他们全都赶出秦国。”

嬴政刚刚处理完嫪毐、吕不韦的事儿，他们两个也都不是秦国人。嬴政本来心里正觉得烦，被贵族们这么一闹，于是下了一道逐（zhú）客令，要赶走所有在秦国的六国人士。

眼看着很多人都要离开秦国，包括（kuò）已经当了高官的李斯。他好不容易挤进了这个平台，现在又要被挤出这个平台了，这使李斯非常气愤。

李斯不想就这样被赶走，他觉得嬴政这样做不对。

于是他就给嬴政写了一封信，讲了不能逐客的道理。这就是有名的《谏逐客书》。

这封信讲得非常有道理，秦国现在的强大，就是因为这么多年来一直重视吸收任用六国人才。如果把人才都赶回六国去，那不是让秦国变弱，帮助六国变强吗？怎么还能统一天下？

嬴政一心想统一天下，这是秦国几代国君（jūn）努力奋斗的目标。只要是对实现这个目标不利的事儿，他决不会做，这一点他头脑很清醒。

看了李斯的信，嬴政知道自己错了，于是他收回了逐客令，并且提升李斯当了廷（tíng）尉（wèi）。

廷尉是干什么的？廷尉是主管法律的最高官员，可以参加商讨国家大事。

李斯这时候已经是秦国的重臣。

这时，魏（wèi）国人尉缭（liáo）来见嬴政，劝嬴政："大王可以先用钱财（cái）去收买六国的重臣，使他们不为自己的国家出力。这样，秦国的大军就不会有很大的阻（zǔ）力，秦国不过拿出30万金，天下就可以轻松拿下，希望大王不要舍不得财物。"

嬴政一听，觉得这个主意好。钱财算不了什么，

**谏** jiàn 这里指劝告国君改正错误。
**目标** mùbiāo 想要完成的事情。
**轻松** qīngsōng 不用费力气，很容易。

灭了六国以后，能抢回来的肯定比这多得多。所以，嬴政很痛快地采用了这个意见。

嬴政很看重尉缭，对尉缭非常客气，连穿的衣服、吃的东西都跟尉缭一样。

可是尉缭却想离开秦国了，他说："秦王这个人长相特别，高鼻子，长眼睛，胸突出，说话的声音像豺（chái）狼。这种人有虎狼心，没有成功的时候对人会非常客气，成功以后就会像虎狼一样吃人。我是一个草民，他居然对我这么客气。要是他统一了天下，天下人都会成为他的奴隶。这种人不能跟他在一起。"

豺狼

尉缭对嬴政长相和内心的看法，使他感到了危险，他觉得害怕。所以他悄悄地离开了咸阳，可是没走多远就被嬴政派人拦住，请回来了。嬴政让他当了大官。

李斯向嬴政建议，统一六国可以从东边的邻国韩国开始。

公元前 231 年，秦王嬴政派出秦军进攻韩国。第

**奴隶**　núlì　古代可以被买卖的、没有人身自由的人。

二年，韩国灭亡（wáng）。消灭韩国非常顺利，几乎没有遇到抵抗。

可是消灭赵国却很不顺利，秦军遇到了很大的麻烦。

赵国有名将李牧（mù）带领赵军坚决抵抗，几次打败秦军。公元前 229 年，秦王派老将王翦（jiǎn）进攻赵国。可是连王翦都对李牧没有办法，两军相持一年多，秦军无法前进。

嬴政想起了尉缭的办法，用重金买通赵王的亲信郭（guō）开，让郭开跟赵王说，李牧要造反。李牧被害死了，秦国才轻松地灭了赵国。（见本丛书《荆轲刺秦王的故事》）

在那之后，秦军又顺利地灭掉了燕（yān）国和魏国。最后一个比较强大的对手是楚国。王翦带领 60 万秦军进攻楚国，公元前 223 年楚国灭亡。公元前 221 年，齐王建投降，齐国灭亡。

从公元前 230 年灭韩开始，到公元前 221 年齐国灭亡为止，前后只经过十年时间，嬴政就消灭了六国，在中国历史上建立了第一个统一的中央（yāng）集权的国家。

什么是中央集权呢？就是所有的土地都是秦王自

**抵抗** dǐkàng 派军队跟敌人打，不让敌人前进。
**投降** tóuxiáng 因为打不过，所以不打了，放下武器，表示服从对方。

己的，所有的权力都集中在秦王自己手里。不再像周朝那样，把土地分给王族和有功的大臣，让他们自己管理自己的地方。

这一年，秦王嬴政只有 39 岁。

嬴政的心情真是好啊。他做成了前人没有做过的大事，他觉得自己是一个非常了不起的人，其他任何人都不能相比。可是，大臣们仍然叫他大王，这使他很不高兴。他心里想："对我的称呼跟那些没有用的国君一样，这怎么行？以前周朝的天子称王，后来各国的国君也都纷纷称王，'王'这个名号已经没有什么意思了，不再高贵。必须找一个更高贵、只有我一个人用的称号。"

他让大臣们出主意，商量改成什么称号好。

大臣们商量以后，建议改称为"泰（tài）皇（huáng）"。

嬴政不满意："过去历史上三皇五帝都比不上我，我应该称为'皇帝（dì）'才对。"

于是他决定改称自己为"皇帝"。

"从我开始，我是始皇帝，我的子孙是二世皇帝、三世皇帝直到万世。"嬴政这样说。

大臣们都跪下来，高呼皇帝万岁。

嬴政是中国历史上的第一个皇帝，后人都称他为秦始皇。

# 书同文

天下大势，分久必合，合久必分。如果国家统一时间久了，慢慢地就会走向混乱，然后分裂。相反，如果国家分裂时间久了，慢慢地就会走向统一。这种规律（lǜ）在中国历史上一再出现。

春秋战国的时候，国家分裂了几百年，统一是历史的大势。现在天下统一了，可是秦始皇很快就发现了很多问题。

由于分裂时间久了，各国之间说话、写字都不一样了，同一个字各国写法不一样，让人看半天看不懂。这怎么行呢？

秦始皇下令，统一文字。过去六国的文字中，跟秦国不一样的，全都不可以再用。由丞相李斯、中车府令赵高等人，用秦国的小篆（zhuàn）字体写出样本，今后各地都按照这个样本中的字体书写。

小篆是一种什么样的字体？

李斯等人写的样本现在已经看不到了，但是我们现在仍然可以看到，在秦始皇出游各地时为自己记功德的石碑，那些碑上的字也是李斯写的，比如泰山石刻上的小篆，字体圆圆的。

看了这样的字，有的人觉得很好看，有的人却觉得很难写。确实，这样的字，必须静下心来，慢慢地

石碑　shíbēi　刻着字，立起来用作纪念的石头。

写，就好像画画儿一样。

要是字很多的话，比如几百个、几千个字，如果都这么写，那就不知道要写到什么时候了。而且，这样的字肯定不是人人都能写得好的。

秦国人真的这样写字吗？

从出土的秦国文物中，我们发现了大量的秦简。简，就是古代用来写字的竹（zhú）片或木片。令人吃惊的是，简上的文字多数并不是小篆，而是秦隶（lì），这是早期的隶书。

隶书是什么样的字体呢？

隶书简化了篆体，减少了笔画，把小篆中弯弯圆圆的笔画拉直了，使字体由圆形变成了方形。这样，写起字来就容易多了，快多了。

为什么这些竹简不用规定的小篆写，要用隶书写呢？

很明显，小篆好看是好看，可是写起来太麻烦，太费时间。作为一种日常使用的文字不方便。

当时民间早就流行一种写起来既方便又比较快的字体，那就是隶书。

现在的人认为，秦始皇书同文以后，当时正式的文件大概都使用小篆写，而民间和下层文官中流行的仍然是写起来方便的隶书。

既然隶书写起来方便，秦始皇为什么不用隶书统一文字而是用小篆？

那当然是因为小篆是正规的字体，看上去比较高贵，而隶书只不过是在老百姓和下层官员中流传的非正规字体，无论秦始皇还是他的大臣们都看不上。

可是历史证明，老百姓中流行的、写起来方便的隶书，生命力更强大。没过多久，到汉朝的时候，隶书就完全代替了难写的小篆。

虽然如此，秦始皇统一文字的做法仍然有很重要的意义。它使中华（huá）民族的文化统一了，也增强了中华民族团结的力量。

除了文字以外，秦始皇还统一了货币（bì），统一了度量衡（héng）。

度量衡是什么？计算长度的称为“度”，如古代的“丈、尺、寸（cùn）”，现代的“米、厘（lí）米”等；计算容积的称为“量”，如古代的“升、斗”等；计算重量的称为“衡”，如古代的“斤、两”，现代的“千克、克”等。

公元前221年，秦始皇宣布命令，用秦国原有的度量衡统一全国的度量衡。这对做生意和经济发展有很重要的意义。

**宣布**　xuānbù　公开告诉所有的人。

泰山石刻（秦小篆）

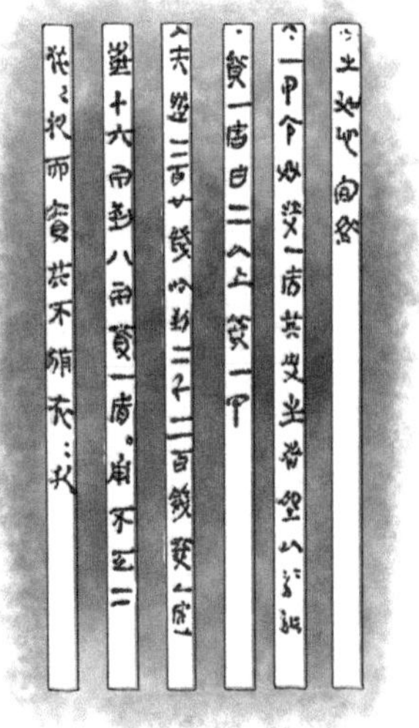

秦简（秦隶书）

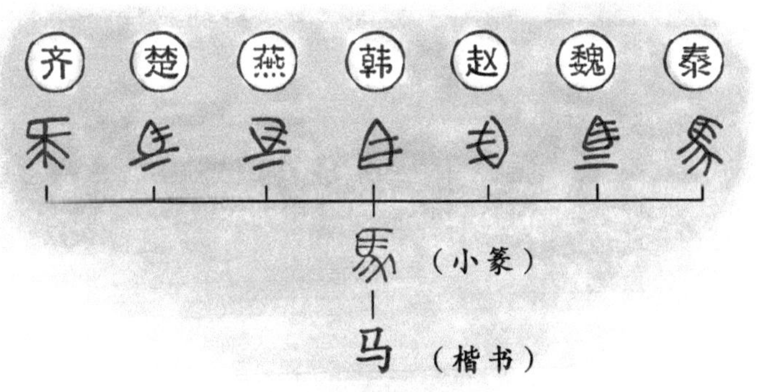

# 长生梦

公元前219年，秦始皇在统一天下两年后，决定要到泰山去封禅（shàn）。中国古代帝王到泰山去祭（jì）拜天地叫作封禅：“封”是指天子登（dēng）上泰山祭天；“禅”是指在泰山脚下的小山祭地。因为古代人认为，谁能够当帝王这是天地的意愿，因此帝王也被称为天子。一个新的朝代开始时，帝王就会用祭拜天地的方式来表示对天地的感谢。

泰山在原来的齐国，也就是现在的山东。秦国在西面，泰山在东面，从咸阳到泰山路很远，要走很多天。

秦始皇为什么大老远的非要到泰山去封禅呢？

因为古代人认为泰山最高，最接近天。所以，秦始皇就去泰山封禅，然后就在齐地巡视。齐地的风光跟秦地很不一样，这里有海。

蓝色的大海，一眼望不到头，好像跟天连在一起。

秦始皇第一次见到海，非常兴奋，非常好奇。天下真是大呀，他很想知道海那边还有什么。

他在琅（láng）琊（yá）台［今天的山东胶（jiāo）南］住了整整三个月，高兴得不想离开。这样的美景真是看不够，可惜人生短暂，只有几十年时间，自己已经40多岁了，看看来日不多，这样的人生还能够享（xiǎng）受多久呢？

**巡视** xúnshì （上级领导）到各处去看看，检查工作。

他不禁叹（tàn）息，自己虽然贵为皇帝，可是跟那些草民一样，也会死。要是能够不死，那多好啊。

这时候有一个人来见他，这个人叫徐（xú）福，是一个方士。

方士是什么人？

在秦始皇统一六国之前，齐国和燕国就有一些人修炼（liàn）长生不老的方法，这些人就是方士。他们认为天地间有长生不老的神仙，普通人如果能吃到仙药，也可以成为神仙。

为什么他们会产生这样的思想？

因为住在海边的人，有时候能够看到海上突然会出现岛、树木、房屋等，好像是天边的云，美丽但是却看不清楚，令人向往。而且，不久它就会消失。

那是什么地方？这引起了人们好奇的想象（xiàng）。现在我们知道，这是海市蜃（shèn）楼，是一种光的折射现象，一个地方的景象经过大气中光的折射在另一个地方形成的影像。

可是古代的人不知道这些。他们不明白，这些景象为什么会出现？为什么会消失？他们觉得非常神秘，这些山一定是仙山。

---

**神仙**　shénxiān　有特别能力的人，能长生不老。
**折射**　zhéshè　光的方向发生改变。

于是人们就传说，海上有三座仙山，那里住着仙人，仙人们采食仙山上的长生不老之药，所以他们是永远不会死的。只要到仙山采食长生不老之药，人也可以不死。

徐福向秦始皇介绍了齐地的神仙文化。

长生不老，正是秦始皇的梦想。

“原来人真可以长生不老呀！我以前怎么不知道？”秦始皇说。

秦国在内地，远离海洋（yáng），看不见海市蜃楼，所以并没有流行神仙文化。

“快，快去找仙药！”秦始皇对徐福说。

“皇上，仙山在很远的海上，到那里去非常困难，需要很多大船，神仙需要很多童男童女，需要很多礼物。”徐福说。

“这些都没有问题。我给你船，给你人，给你钱。你替我去把长生不老药找来。”秦始皇说得很坚决，这点儿条件对他来说，根本不算什么。

于是徐福得到了一支很大的船队、几千个童男童女，还有很多很多钱。公元前219年，他带着船队出发了。

他能找到海上的仙山吗？

当然找不到。因为根本没有什么仙山。但是徐福一定很认真地找过，他一定到过不少海岛。后来他们

到了什么地方？史书上没有写。反正，他的船队一走很多年，一直都没有消息。

徐福这么容易就得到了秦始皇的信任，弄到了这么多好处，发了大财。这使得方士们都很高兴，他们个个都想试试，都说自己也愿意为秦始皇找仙药。秦始皇因为做着长生梦，非常想得到仙药，对这些方士深信不疑，所以对来的人都表示欢迎。当时秦始皇身边大约有300个方士。

公元前215年，秦始皇又派出卢（lú）生去找仙人，接着又派出侯生、石生等人去找仙药。

这些人能找到仙药吗？

当然找不到，他们都不过是一些骗子。

找不到怎么办？

仙药找不到，可是找不到仙药的理由很容易找到。

卢生跟秦始皇说："多年找不到仙药，是因为有恶鬼，所以仙人不会出现。要是避开了恶鬼，仙人就会出现。怎么能避开恶鬼呢？皇上的一切行动一定要保密，不能让其他人知道。只有皇上居无定所，无人知道，才能得到长生药。"

秦始皇深信不疑，于是就待在咸阳的宫中不出来。

咸阳附近200里有宫殿270座。这些宫殿很多是秦始皇灭掉六国时建的。每灭掉一国，他就让人按当地王宫的样子，在咸阳建一座同样的宫殿，把抢来的女人都放在这座宫殿里。

这些宫殿之间都有空中通道连接，所以他从这个宫殿走到那个宫殿，外人根本就不知道。

有一天，他从宫殿里往外看，看到一支很大的车队。再仔（zǐ）细一看，是丞相李斯的车队。他很不高兴。

“你不过是一个丞相，车队竟跟我的车队差不多了。”他不由得轻声自言自语地说了几句。

过了几天，他又看见了李斯的车队，这一次李斯的车队人马很少，跟前几天完全不一样了。秦始皇马上就明白了，一定是自己身边的人把自己那天说的话告诉了李斯，李斯害怕了，所以轻车简从。

秦始皇大怒，问身边的人：“谁把我的话告诉了李斯？”

他身边的太监们吓得要死，人人都说没有。

问不出来，怎么办？秦始皇的办法就是杀人。他把身边的太监们全都杀了。

杀人对他来说，是最简单不过的事儿，被他杀掉的人已经数不清了。他自己虽然梦想长生不老，可是他从来不觉得别人的生命重要。除了他，所有人都不过是草芥。

**草芥** cǎojiè 小草。比喻最小的、没有价值的东西。

从此，真的没有人知道他在什么地方了。

可是，即使这样，仙药还是没有找到。

公元前210年，秦始皇最后一次出巡的时候，又来到了瑯琊台。那个走了九年、一点儿消息都没有的徐福，竟然又出现在这里，又来见秦始皇。

徐福找到仙药了吗？

当然没有。

那他怎么还敢回来见秦始皇，那不是找死吗？

徐福不怕，他是一个头脑聪明、胆大心细的骗子。他知道秦始皇做梦都想长生不死，这样的人非常好骗，不管自己说什么秦始皇都会相信。

“你找到仙药了吗？”秦始皇问。

“报告皇上，这些年我经历了千辛万苦，终于见到了海上的神仙。神仙问我：‘你是西土皇帝的使者吗？’我说：‘是的。’神仙又问我：‘你有什么要求？’我说：‘为皇帝求仙药。’神仙说：‘你们皇帝的礼物太少了，仙药你只能看，不能拿走。’我就随他到了蓬（péng）莱（lái）山，见到了神仙的宫殿，那里金光照天。我问神仙：‘我需要带什么礼物来献给您？’神仙说：‘再带3000名童男童女，还有懂得各种技术的工匠（jiàng），就可以得到仙药了。’所以，我赶忙回来向您报告，这一次去就可以把仙药带回来了。”徐福说。

“真的？”秦始皇半信半疑。

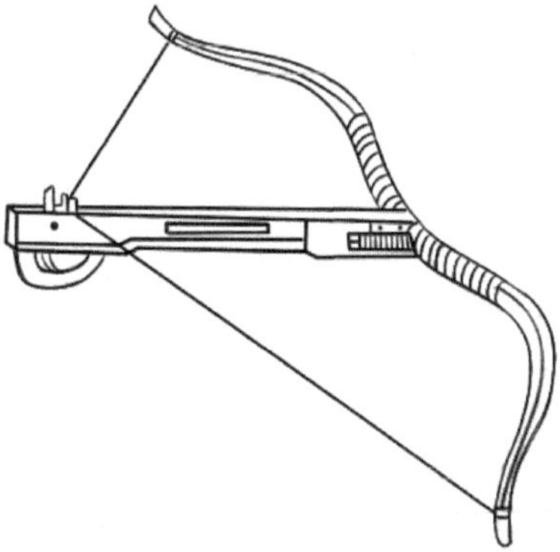

连弩

“千真万确，皇上。去蓬莱山还有一大问题，就是海上有大鱼。这些大鱼不让我们的船去仙山。我请求皇上多派一些弓箭手，用连弩（nǔ）把那些大鱼射死。”徐福说得像真的一样。

连弩是什么？是一种弓，能够把好几支箭接连射出去，是当时最先进的武器。

秦始皇果然相信了。他不但没有杀徐福，还满足了他的要求。徐福又一次带着3000名童男童女、几千名工匠和弓箭手，还有五谷（gǔ）的种子走了。

这一次走了以后，徐福再也没有回来。他带着这些人去了哪里？

没人知道，史书上也没有写。我们猜想，徐福一定已经在海上找到了一个适合安身的地方，可是那个地方可能比较荒凉，还没有开发，所以他需要工匠来建设城市，需要种子发展农业，需要更多的人口，还需要先进的武器，以便征服当地的居民。所以，他又回来从秦始皇那里骗走了更多的东西。他肯定在那里自立为王了。

有些学者说，那个地方就是日本。徐福的船队往东去，方向正是日本，所以他到日本是完全可能的。而且直到现在，日本跟中国一样也流传着徐福的故事。日本有些学者认为徐福是从日本的纪州（zhōu）熊（xióng）野的新宫（现在的和歌山县新宫市）上岸的。现在新宫市还有徐福墓（mù）和徐福神社。不过，因为没有记下来的文字，所以这些都只是猜想。日本的徐福墓和徐福神社显然是后人建的。

秦始皇眼巴（bā）巴地等着徐福回来，他是多么希望能够长生不死呀。可是徐福不会回来了。秦始皇到死也没有得到什么仙药。

# 万里长城

别的方士呢？他们是怎么欺骗秦始皇的？

公元前215年，秦始皇第四次出巡回来以后，很着急地等待着一个人到来。这个人就是他派出去找仙药的卢生。

卢生出去很长时间了，他找到仙药了吗？

秦始皇心里很不安，他多么希望卢生能够拿回仙药来。

卢生来了，可是他拿不出仙药来。这世界上哪里有什么仙药！卢生报告了自己找仙药的经过，然后说找到一卷图书，里面说："亡秦者胡也。"他感到事关重大，所以赶紧回来报告。秦始皇看了图书大吃一惊。

这里说的"图书"跟我们今天在书店买的图书可不一样，它指的是古代一种预示将来会发生什么事情的书，里面的话往往写得很不清楚，不太能确定是什么意思。可是古代的人很相信这个。

书里说的"亡秦者胡也"是什么意思呢？秦始皇认为，这句话的意思是秦以后会被"胡"灭亡。

那这里说的"胡"又是谁呢？当时中原人把北方游牧民族称为"胡"，称他们为"胡人"。那么，一定就是他们。

战国时秦国、赵国、燕国的北方是游牧民族，他们生活在草原上，以放牛羊为生。他们没有固（gù）定的房屋，总是随着草场的变化在草原上搬来搬去。以前中原人叫他们戎（róng）、狄（dí）。公元前三世纪，匈（xiōng）奴征服了邻近的各族，统一了北方草原。

游牧民族生产比较落后，他们缺少很多东西，比如粮食、铁器、布匹、食盐（yán）等等，他们常常南下到农业区抢东西。匈奴的骑兵杀人、放火、抢东西，对农业区的破坏很严重。胡人们从小就会骑马，他们抢了东西，就骑着马像一阵风那样消失了。所以，多年来秦、赵、燕各国在自己的北方边境线上一直驻（zhù）守着很多军队，来防止匈奴的入侵。比如赵国大将李牧，就一直带着十几万军队驻在边境上。

可是，边境线这么长，十几万军队分散在这么大的地方，人就显得少了，每一个地方人数都不多。而匈奴骑兵入侵时，总是集中兵力攻击一个地方。当其他地方的军队赶过来支援的时候，匈奴骑兵早就抢了东西跑了，所以农业区的军队常常吃亏。

怎么对付匈奴骑兵呢？后来赵国、燕国和秦国的军队都想出了办法，就是在边界的山上修建一道又高又厚（hòu）的墙，这样就能阻止匈奴骑兵入侵。

这就是后来闻名天下的长城。

**吃亏** chī kuī 受到损失。
**阻止** zǔzhǐ 使人不能前进。

长城不是一道简单的墙，它是由城墙、敌楼、关城、烽（fēng）火台等组成的完整的防守工程。多数地方的长城大约七八米高，底部宽约六七米，墙顶宽约四五米，城墙上面有士兵巡逻，敌人来了可以向下面射箭。

城墙是长城的主体，每隔几百米就有一个敌楼，敌楼比城墙更高，可以看得更远。在路口有关城，有很厚的城门。平时可以通行，敌兵来时把城门关上。

长城上每隔十里就有一座烽火台，建在高高的山上，它的作用是传递军情。

如果匈奴骑兵来了，白天点烟，晚上点火。因为白天阳光很强，火光不容易看到，而当黑烟冲天的时候，很远的地方也可以看到。晚上看不到烟，就点火。远方的烽火台看到了烟或者火，也马上发出信号，军情就这样一个烽火台一个烽火台传递下去，远处的军队知道了，就会马上赶来增援。

赵国的李牧就是用这道墙打败匈奴人的。

在山上修建长城，困难是非常大的，要花费很多很多的人力。但是在那个时代，长城修起来以后，对于保家卫国能起到非常重要的作用。

秦始皇统一六国的十年中，赵国已经顾不上边

**巡逻**　xúnluó　来回走动，看有没有敌人来。

防了，赵王把李牧和他的边防军都调来对抗秦国。燕国也一样。秦国呢，大军都去六国征战，也没顾上边防。

整整十年，匈奴人进入农业区杀人、放火、抢东西，就像进入无人之境，没有遇到任何抵抗。他们很快就占领了很多地方，成为大秦帝国最大的敌人。

胡人真是不得了呀，再这样下去秦帝国就很危险了。

秦始皇大怒："什么'亡秦者胡'？我一定叫'胡'先灭亡！"

他马上命令大将蒙（méng）恬（tián）带领30万大军出击匈奴，去消灭他们。秦军非常勇猛（měng），有强大的战斗力，现在我们从秦始皇兵马俑（yǒng）中还能看到秦军的军阵和气势。匈奴骑兵不是对手，但是他们跑得很快，退回了草原。

蒙恬带着30万大军就在北部边境守卫。边防线实在是太长了，从东到西有一万多里。蒙恬向秦始皇建议修建长城，要不然，这么长的边防线，30万大军根本顾不过来。

公元前213年，秦始皇下令修建长城。

当然，他们不需要重新修建，只要把原来燕国、赵国和秦国的长城连接起来就行。

即使如此，工程量也使人害怕。那时候没有任何机器，往山上运石头全靠人力。那样的高山，空着手都很难爬上去，还要背这么重的石头，当时的人一定付出了非常大的代价，一定死了很多人。

这么大的工程，大约需要100万人。这相当于当时秦帝国人口的1/20。到哪里去找这么多人？

“把全国各地的中青年男人都抓来修长城。”秦始皇说，他的意志很坚定，想做什么，从来没有做不到的。

士兵们在全国各地抓人。男人们被抓走了，他们的家中只留下了可怜的老人、妇女和儿童。他们非常伤心、悲痛，他们知道被抓去的人很难再回来，但是他们又无力反抗。

修建长城本来确实是边防的需要，是一件十分重要的工作。可是秦始皇把修建长城的人当作奴隶，根本不关心他们的死活。由于生活条件差，再加上超强度的劳动，很多人因此而丧命。老百姓非常痛恨秦始皇的残暴统治。

后来老百姓都知道的“孟（mèng）姜（jiāng）女哭长城”的故事，说的就是那个时候人们的悲惨情况。

孟姜女刚刚成亲，丈夫范（fàn）喜良就被抓去修长城了。天气渐渐冷了，丈夫被抓走的时候是夏天，没

**丧命** sàng mìng 丢了性命。
**残暴** cánbào 很凶恶，随便打人、杀人。
**悲惨** bēicǎn 非常不幸，很痛苦，使人伤心。

有穿棉衣，北方的冬天那么冷，怎么办呢？孟姜女决定去给丈夫送棉衣。

她独自一人在路上经历了千辛万苦，终于找到了修长城的工地。

“大哥，你认识范喜良吗？”孟姜女问。

“不认识。”孟姜女一次又一次地听到这样的回答。100 万人在这么长的边境线的工地上，哪里找得到自己的丈夫呢？

孟姜女没有灰心，她相信自己一定能找到丈夫。她背着丈夫的棉衣，每天爬上不同的山，一个工地一个工地地问。

不知道经过了多少次失望，她终于听到了家乡人的口音，有一个人对她说：“我认识范喜良。”

“大哥，他人呢？”孟姜女兴奋地抓住对方的衣服，急忙问道。

可是，那个人低下了头，没有回答。

“他人呢？他在哪儿？”孟姜女看着这个衣服破烂、身体瘦弱的人，心里更着急了。

“他，他已经死了。很多人都死了。”那人低声说道。

孟姜女不相信，更加大声地说：“他在哪儿？你告诉我，他是我丈夫。”

**棉衣** miányī 夹层里放棉花的厚衣服，穿上很暖和。

很多人围了过来，他们告诉孟姜女，范喜良确实死了，就埋在长城下。孟姜女突然明白了，她大哭起来，哭得那么伤心，哭得惊天动地。突然，长城倒塌（tā）了，石头块哗（huā）啦啦地掉到了山下，孟姜女看见了被埋在下面的范喜良的尸体。丈夫真的死了，孟姜女绝望地跳了进去。

长城这么大的工程，从公元前 213 年到公元前 210 年，一共修了四年。从东面的辽（liáo）宁（níng）一直到西面的甘（gān）肃（sù），全长一万多里。

除了长城以外，秦始皇还修了很多非常大的工程，其中就有自己的坟墓。他从 13 岁刚当秦王时就开始修建自己的坟墓，一直修到他死后两年，修建时间长达 39 年。他的墓离现在的西安市 30 多公里。

古代的帝王事死如生，他们想在死了以后也要享受活着时的富贵生活。所以，他们的坟墓工程非常大，有很大的地宫。

据《史记》记载（zǎi），秦始皇墓的地宫挖得极深，用铜水堵住地下水，然后修建宫殿，里面放了各种珍（zhēn）宝。地宫中有平原，有山，有江河海洋，用水银当作水，流动不息。据史书记载，修秦始皇墓的人数最多时达到 70 万人。

**坟墓**　fénmù　人死后埋在地下，在上面堆一些土，就是坟墓。

陶俑陶马

1974年，人们在秦始皇墓东边1500米处，发现了兵马俑坑（kēng）。坑里埋着成千上万跟真人一样大小的秦军陶（táo）俑陶马。他们组成一个个战阵，好像是在保卫着秦始皇墓，其规模（mó）令人不敢相信。

另外，秦始皇还征调大量民众，大兴土木修建宫殿，其中规模最大的就是阿（ē）房（páng）宫。

除此之外，秦始皇还调集大量劳动力修直道、驰（chí）道：直道是通往长城的快速路，驰道是通往全国各地的快速路。

公元前217年，秦始皇派50万大军去征服南方百越地区，也就是现在的浙江、福建、广东、广西等地。

当时全国的人口大约只有2000万，除去老人、妇女和儿童，差不多所有的男人都被抓去当兵或者干苦力了。

秦始皇的残暴统治使老百姓难以生活下去，全国的老百姓都非常恨他。

# 焚书坑儒

秦始皇统一天下以后，很多大臣向他建议，把土地分封给皇族和他的儿子们，让他们到各地去帮助皇帝管理国家。

这种想法是一种历史的惯性，过去周朝的时候就是这样的，所以大臣们理所当然地认为，秦帝国也应该这样做。

秦始皇不喜欢这样做，不过他并没有立刻做决定，他让大臣们讨论。

只有李斯一个人反对这样做。李斯认为，周朝这样做，所以后来小国渐渐变成了独立的大国，国家分裂，战争不断。现在秦帝国应该改变这种情况，建立郡和县，全国都由皇帝亲自管。

秦始皇坚决采用了李斯的主张，把全国划分为36个郡，郡的长官是郡守。每个郡的下面设几个县，县的长官是县令。县以下有乡，乡以下有里。里有里正，是管这个里几十户人家的。郡守和县令都直接由皇帝任命。这样秦帝国就形成了“中央—郡—县—乡—里”的管理体系，全国的权力都集中在秦始皇一个人手里。秦始皇很喜欢这样。

但是有些大臣认为这样做不对。

公元前213年，有一个大臣对秦始皇说：“周朝把土地分给王族和功臣，各国国君帮助周王管理各地，所以周朝才能够传承800年。现在您的子弟和功臣们什么也没得到，万一有什么事儿，谁来帮助您呢？不学古人而能长期传承下去的王朝是没有的。”

实际上，这代表了不少人的意见。

秦始皇听了心里很恼火。不过，他还是忍住了，又让大臣们讨论。

丞相李斯还是反对这种观点，说：“为什么一定要学习古代治国的方法？时代不同，治国的方法也不同。如今皇上开创（chuàng）万世之业，本来就不是一般的人所能明白的。以前各国相争，战争不断，有什么好？现在天下大定，法令统一，老百姓应该努力种地，士人们应该去学习法令。”

李斯向秦始皇建议，说：“现在有些人不学今人，只学古人，扰乱百姓的心。一听到皇上的命令就说三道四，以为自己很高明。这种情况如果不禁止，以后皇上的话就没人听了。所以，应该禁止私学，不能让他们胡说八道。

“我请求皇上批准，只要不是秦国写的史书，全部烧掉。各地收藏的《诗（shī）》《书》和诸子百家的书都集中到郡守那里烧掉。谁要是再谈论，或者藏有《诗》《书》和诸子百家的书，就都处死。胆敢以古非今的人

**诸子百家** zhūzǐ-bǎijiā 儒家、道家等各家各派的学说。

灭族，官员知情不报的也要杀掉。除了医学、占卜和农家的书以外，别的书都烧掉。”

秦始皇非常喜欢李斯的办法，马上就批准了。

这就是焚书令。秦以前六国的史书和大量的古书都被烧掉了，很多书从此失传，这是一次文化的大破坏。百家的言论完全被禁止。从此，秦帝国开始了社会思想由皇帝大一统的时代。

在焚书以后的第二年，侯生和卢生这两个方士在一起，说起秦始皇。他们觉得秦始皇这个人太残暴，太喜欢杀人。朝中的大臣害怕丢官、被杀，没有一个人敢提出不同的意见。秦始皇自以为古今天下没有人能比得上自己，所以天下的事儿，无论大小都要由他自己决定。他每天要读120斤公文，白天看不完晚上接着看，看不完不休息，喜欢权力竟然到这种程度。他们没有办法再为秦始皇求仙药。

侯生和卢生感到，自己要是再在咸阳待下去就要掉脑袋了，于是他们两个逃走了。

可是不知是谁，把他们两个说的话报告给了秦始皇。秦始皇大怒，自己花了这么多钱让这些方士找仙药，可是这么多年一点儿结果都没有，什么也没有得

**占卜** zhānbǔ 算命，预测将来。
**焚书** fén shū 把书烧掉。

到，这些方士往往拿到钱以后，人就不见了。秦始皇感到上当了，觉得这些方士都是骗子。更可气的是，这些人拿了钱，还要在背后说坏话，这样的人都该死。

于是秦始皇下令，把那些说坏话的方士都抓起来。

咸阳一下子黑云压城，很多人被抓了起来。方士、诸生们被抓起来以后，又互相指出还有谁在背后发过牢骚。表示过不满的人全被抓了起来，一共抓了460人。

秦始皇下令，把这些人全部活埋，并且通告天下，今后谁要是说朝廷的坏话，也是这个下场。

这就是可怕的坑儒事件。

秦始皇的大儿子扶苏（sū）劝他，说："天下刚刚平定下来，远方的百姓还没有服从，诸生都是读孔子书的人，现在皇上对他们这样，恐怕会引起天下的不安。请皇上三思。"

秦始皇大怒，又是儒家的那一套！他让扶苏学学法家，可扶苏偏偏喜欢儒家。他一生气，把扶苏赶出了咸阳，让他到北方边境的蒙恬大军中当监（jiān）军去了。

虽然秦始皇并没有打算消灭儒家，被坑杀的多数也并不是儒生，主要是方士。但是这是秦始皇对读书

**发牢骚**　fā láosāo　说不满意的话。
**朝廷**　cháotíng　皇帝和他的政府。
**坑儒**　kēng rú　把儒生推进坑里，活埋杀死。

人的一次打击，从此以后就没有人敢对朝廷说什么了。

焚书坑儒，说明秦始皇很残暴，他以为这样，他的秦帝国就会更加稳固。可是，这反而使他更加失去民心，使全国人民都站到了大秦帝国的对立面。城乡居民中十户有五户都想造反。当时的情形已经是只要有人起义，全国立即就会跟着造反。

**稳固** wěngù 不容易被破坏。

# 命丧沙丘

公元前211年，一连发生了三件事儿，让秦始皇心情低落，非常担心。

第一件事儿，就是有大臣观看夜空，看到火星运行到了一个特别的地方，跟别的星形成一种天象。这种天象对皇帝不利，轻者皇帝要下台，重者皇帝会死。

什么是观看天象？

观看天象就是看天上的各种星星在什么地方，古人相信天象表达了天意。所以每一个朝代都有专门的大臣观看天象。

秦始皇知道了这个消息，心里非常烦。他最不愿意死，也不愿意听见别人说“死”这个字。他是皇帝，怎么能死呢？

这还不算，接着发生了第二件事儿。一颗陨石掉下来，掉到了东郡。这本来没什么，陨石掉下来的事儿以前也发生过。可是人们找到了陨石，陨石上竟然有字，刻着“始皇帝死而地分”，意思是秦始皇要死了，大秦帝国也要完蛋。

陨石上怎么会有字呢？显然这是人们因为痛恨秦始皇，希望他快点儿死才刻上去的字，这不是什么陨石。可是古时候的人很迷信，相信天意。地方官赶紧向上报告，消息传到了秦始皇耳朵里。秦始皇很吃惊，

陨石　yǔnshí　天上掉下来的石头。

觉得这可能是有人刻上去的，于是马上派人到落下陨石的地方去查是谁刻的。

查来查去，查不出来。结果秦始皇下令，把那附近的老百姓全都杀死，把那块石头烧掉。附近的老百姓全都被杀死了，石头烧掉了，可是秦始皇心里还是留下了阴影。

到了秋天，又发生了怪事儿。一个使者从东面回咸阳，晚上走夜路，路过华阴，突然有一个人，手拿着一块玉璧（bì），把他拦住，说："请你替我把这块玉璧送给滈（hào）池君。"还对使者说，"今年祖龙（lóng）死。"

玉璧

滈池君是谁？祖龙又是什么人？

那使者觉得很奇怪，急问是什么意思。可是这个奇怪的人没有回答，转眼间就在夜色中消失了。

这事儿太奇怪了，那使者想想觉得不好，赶紧回到咸阳，报告秦始皇。

秦始皇听了，马上联想到，那个"祖龙"说的就是自己。可是他不愿意承认，过了半天，他对别人说："祖龙指的是人的祖先。"

然后他派人把这块玉璧送去检验。

检验的结果使人吃惊，这块玉璧竟然是八年前秦始皇巡游渡江时，祭水神扔到江中的那块。八年前扔到江中的玉璧怎么又回来了呢？

秦始皇心里非常烦，接二连三不好的事件使秦始皇心情沉重。

怎么办呢？

当时的人相信占卜，认为通过占卜，就能知道破解不好事情的办法。

于是，秦始皇让卜师来，卜一卜怎么破解。占卜的结果是：必须出巡，并且搬走一些地方的百姓，这样才不会发生坏事儿。

于是秦始皇下令，把三万户人家搬到北河一带。他自己呢，也准备再一次出巡。

秦始皇喜欢到全国去巡游，他以前已经出巡过四次，到过全国各地。每到一地，就在那儿刻石立碑，写下自己的功绩。其实，出巡是件非常辛苦的事儿。人坐在马车里，整天在尘土飞扬、高低不平的土路上跑，夏天火热的太阳晒着，冬天寒风刺骨。出巡一次要好几个月才能回来，显然比待在皇宫里辛苦多了。可是秦始皇很喜欢巡游，因为他可以看到自己的江山，脚下的这些土地都是他的，这使他很高兴。

公元前210年，秦始皇第五次出巡。这一次出巡是为了避灾（zāi），救自己的命，所以意义非常重大。

左丞相李斯是秦始皇的亲信，当然要陪他出巡。右丞相留在都城。小儿子胡亥（hài）吵着也要一起去，胡亥当时大约20岁，秦始皇很喜欢他，于是就带着他一起出巡。

几十辆豪华马车带着卫队出发了。这次出巡从十月出发到第二年七月回来，一共经历了九个月时间。秦始皇往南一直走到南方的钱塘（táng）江，在会（kuài）稽（jī）山祭了大禹（yǔ），然后北上，路过瑯琊。就在车队离开海边往回走到平原津（jīn）（现在的山东平原县）的时候，秦始皇病了，而且病得很重。

秦始皇让人占卜。占卜的结果说，是因为北方的山鬼来找麻烦。秦始皇紧急派身边的亲信大臣蒙毅（yì）到北方去祭山，希望消灾除病。

秦始皇害怕别人说“死”。身边的人当然谁都不敢说有关死的事情，要不然就会掉脑袋。可是不说“死”也没有用，他的病越来越重，眼看就要死了。

车队渡过黄河，来到沙丘［现在的河北邢（xíng）台光宗（zōng）］时，秦始皇知道自己快要死了。他躺在病床上安排后事，口说遗诏。这封遗诏是写给大儿子扶苏的，要他到咸阳去主持丧事。遗诏由赵高写下来，

**豪华** háohuá 非常好，非常漂亮。
**遗诏** yízhào 皇帝快死的时候留下来的命令。
**丧事** sāngshì 人死后，别人为他做的事情。

当时在场的还有胡亥和李斯。

赵高是什么人?

他是一个太监，官职是中车府令，管皇帝的车马，同时还管着皇帝的玉玺和调动兵马的符（fú）节，实际上相当于秦始皇的秘书。虽然他官职不高，可是非常重要，是秦始皇非常信任的人，而且赵高还是胡亥的老师。

遗诏写完后，还没有交给使者送出去，秦始皇就死了。这一年他49岁。

他渴望长生不死，可是他只活到49岁。

他杀人无数，把别人的生命当草芥，现在他自己也像草芥一样死了。

# 秦二世

沙丘离都城咸阳有1000多里，皇帝死在远离京城的路上，而且又没有立太子，如果大家都知道秦始皇死了，那就很容易引起社会混乱。所以，李斯决定不让别人知道皇帝死去的消息，悄悄地回到咸阳再说。

赵高手里拿着诏书，看到秦始皇已经死了。他的脑子飞快地转了起来。他不是伤心难过，也不是想怎么办丧事。他在想，手里的诏书要不要送出去。

秦始皇叫他把诏书送到使者那里，难道他敢不送吗？

以前他是不敢。秦始皇叫他做什么，他不敢有一点儿差错，要不然就可能掉脑袋。那时候要是不送诏书，秦始皇会要他的命。可是现在，秦始皇已经死了。一个死人怕什么？他不可能跳起来杀自己。

他要想一想，这封诏书送出去的结果。

秦始皇有20多个儿子，可是没有立太子。为什么不立太子确定一个接班人呢？可能是因为他觉得自己不会死，能够长生不老，用不着立太子，也可能是因为这些儿子他都看不上，立谁都觉得不满意。长子扶苏虽然挺有能力，但是他的思想太接近儒家，常常跟自己意见不一样，这怎么行呢？对老百姓就是应该严厉，该杀的杀，不能手软。所以，他对扶苏不满意。

赵高想，如果诏书发出去，让扶苏回咸阳主持丧事。那么以后扶苏就当皇帝了，扶苏当皇帝对自己有好处吗？

肯定没有好处，相反对自己很不利。赵高曾经因为犯罪，被蒙毅判处死刑，是秦始皇为赵高说了话，才保住了他的命。如果扶苏当了皇帝，那么蒙恬必定受到重用，而蒙毅是蒙恬的弟弟，肯定也会受到重用。到那时候，他赵高就完了。

赵高出身低下，一向被人看不起。但是他一心想往上爬，他知道必须有一个很硬的后台。

谁当皇帝对他有好处呢？当然是胡亥。他是胡亥的老师，跟胡亥的关系非常好，胡亥非常喜欢他、信任他。而且胡亥年轻、好骗，赵高说什么他都相信。

现在秦始皇死了，因为没有立太子，所以他的20多个儿子谁都可以继位当皇帝。只要自己把诏书改一改，让胡亥当了皇帝，那么以后他赵高就能当大官，就能成为人上人了。想到这里，赵高决定把遗诏留下，不发出去。

胡亥愿意当皇帝吗？

其实，一开始胡亥还真没有想过要当皇帝，他觉得自己不应该当皇帝。不过在赵高的再三劝说下，他还是答应了。

赵高明白，这事儿要是没有丞相李斯同意，肯定

**犯罪** fàn zuì 做了很严重的坏事儿，比如偷东西、杀人等。
**判处死刑** pànchǔ sǐxíng 官府决定杀死他。

不成。只有李斯、胡亥和他三个人联手，才能办成，所以他又去劝李斯。

李斯听后大吃一惊，他没有想到赵高会有这种想法，当场就拒绝，说："你这是叛国的做法，我们做臣子的怎么能这么做？"

赵高并没有放弃。他知道李斯不可能不为自己想一想，于是他一连问了五个问题，问他跟蒙恬相比怎么样。

这五个方面李斯都不如蒙恬，特别是跟扶苏的关系上，李斯远不如蒙恬。扶苏跟李斯的意见不一样。

赵高接着又说："如果扶苏当皇帝，肯定会让蒙恬当丞相，你就当不成丞相了。你想想，到时候你会有什么好下场吗？肯定会被杀死的。"

最后赵高还说："现在权力在胡亥的手里，而胡亥听我的，外人要想掌管朝廷是不可能的，不同意就是造反。"他告诉李斯，"听我的话，可以使你富贵，不听我的话，你就会有危险，而且你的子孙也有危险。"

李斯终于顶不住了，他听从了赵高的话。于是三个人勾结起来，商量怎么办。

首先要对付的是扶苏和蒙恬。他们在北方边境，

**叛国**　pàn guó　背叛自己的国家。
**放弃**　fàngqì　不按照原来的计划做了。
**勾结**　gōujié　坏人们说定，在一起做坏事儿。

手握重兵，要是知道了情况，起兵攻打咸阳，那么一切就完了。所以，要假造一封秦始皇的诏书，杀掉这两个人。

要找他们的罪名很容易，用不着管是不是事实。赵高写好了假诏书，诏书中说扶苏不孝，说朝廷的坏话，命令他自杀；说蒙恬守边无功，知情不报，也命令他自杀。然后他盖上了秦始皇的玉玺，派胡亥的人当使者，连夜送去。

扶苏和蒙恬会自杀吗？

扶苏和蒙恬不知道秦始皇已经死了。秦始皇只有49岁，他们怎么会想到秦始皇已经死了呢？再说秦始皇很残暴，经常杀人，被他冤杀的人很多。这样的诏书一点儿都不奇怪，而且假造皇帝的诏书是死罪。所以，扶苏和蒙恬根本不可能想到这份诏书是假的。

可是这两个人看到诏书后的表现不一样。扶苏看到诏书后痛心地哭了起来，因为他觉得诏书上说的都不是事实，他觉得很冤枉。但是，他还是拿起剑（jiàn）来要自杀。

蒙恬拦住他，说："不行，你怎么能这么轻易地就自杀呢？应该再请示皇上，确认以后，再自杀也不迟。"

**冤杀**　yuān shā　没有做错事儿，却被杀死。
**冤枉**　yuānwang　没有做坏事儿，别人却说他做了坏事儿。

扶苏说："父亲叫儿子死，还请示什么？"

说完，他拿起剑来自杀了。

扶苏怎么这么傻？

扶苏深受儒家思想的影响。儒家讲忠孝："忠"就是忠于皇上，皇上让你怎么做你就怎么做；"孝"就是要听父亲的话，服从父亲。

扶苏死了，后来人们管这种忠孝为愚（yú）忠愚孝。"愚"就是傻的意思。

蒙恬没有自杀，可是他被关了起来。

听说扶苏死了，蒙恬被关了起来，胡亥、赵高和李斯非常兴奋。这等于说他们成功了。如果扶苏带着兵来求见秦始皇，那麻烦就大了。

赵高让胡亥赶快派人把在北边祭山神的蒙毅也抓起来。

李斯下令立刻回咸阳。不过他们没有走近路，而是按照原定的路线继续往北走。

李斯严密封锁消息，整个车队里只有胡亥、李斯、赵高还有两三个太监知道秦始皇死了。

一切都按原来那样，装作秦始皇还在照常办公、生活的样子。可是当时是七月，夏天天气很热。秦始皇的尸（shī）体很快就腐（fǔ）烂发臭了，而且臭味越来越大。那么大的气味谁都闻得到，别人怎么可能不知道？

可是李斯竟然想出了办法。他派人去买了很多臭鱼，放在其他车上，这些鱼也很臭。鱼的臭味跟尸体的臭味混在一起，别人就以为都是鱼的臭味了。

其实，你只要想一想，这么豪华的皇帝车队，突然带着那么多臭鱼干什么？秦始皇要是还活着的话，怎么能忍受这样的臭味？按他的脾气，早就把赵高、李斯等人的脑袋砍下来了。

整个车队都臭烘（hōng）烘的，这太奇怪了。谁都不是傻子，大家当然明白是皇帝出了问题。只不过，他们都不敢说，假装不知道而已。别人怎么想，李斯管不了那么多了，他带着臭气冲天的车队飞快地赶着路，到了最北边的九原郡（现在的包头市），然后往南，赶回咸阳。

到了咸阳，李斯才宣布，皇帝已经驾崩，胡亥继位为二世皇帝。

大臣们心里当然会怀疑，怎么会是胡亥当皇帝呢？可是已经有了新皇帝，谁还敢说什么呢？

**驾崩** jiàbēng 皇帝死了叫作驾崩。

# 清除异己

胡亥当了皇帝，他就是秦二世。赵高升为郎中令。

虽然郎中令是九个最大的官之一，可是赵高心里仍然很不安，因为危险仍然在，蒙恬、蒙毅兄弟还活着。万一秦二世把他们放出来，又要重用他们，那么他赵高就要倒霉。赵高劝秦二世赶快杀掉蒙恬、蒙毅，秦二世当然同意。于是，这两兄弟也死了。

秦二世是靠假造诏书当上皇帝的，因此他心里有些害怕，担心大臣们知道真相后反对自己。

赵高给他出主意，说："首先要清除异己，除掉原来的那些大臣，把您自己的亲信提拔起来。这样，原来穷的人变得富了，地位低的人变得高贵了，他们就会尽最大力量来拥护您。"

于是朝廷中大换血。有功绩、有才能的大臣被免(miǎn)职、被杀掉，一些无才无德的小人当了大官。

可是，秦二世还是觉得心里不安，他还有这么多兄弟姐妹呢，他自己当皇帝，兄弟姐妹们服气吗？如果他们来抢皇位怎么办？办法当然只有一个，杀掉他们。结果秦始皇的几十个儿子和女儿都被杀死了，是被他们自己的兄弟胡亥杀死的。

胡亥一上台就杀大臣，杀兄弟姐妹，这在全国引

**异己** yìjǐ 反对自己的人。
**拥护** yōnghù 表示赞成和支持，认为做得对。

起了极大的恐慌。为了修建阿房宫，胡亥加重了老百姓交给朝廷的税（shuì），同时加重刑罚，防止老百姓造反。

这时，已经天怒人怨，全国上下都很害怕，人人都觉得有危险了。反正是个死，大家都想造反。实际上胡亥已经坐在了火山口上。

秦二世元年，也就是公元前209年七月，在楚地的陈（chén）胜、吴（wú）广领导农民起义了。全国一下子都响应了，各地都起义了。可是，当各地的使者来咸阳报告时，秦二世大怒。他根本不相信，并且把使者都关了起来。后来的使者变得聪明了，都报告说虽然有盗贼，但是已经被各地的郡守消灭了。听了这样的话，秦二世很高兴。

赵高在做什么？他仍然在为实现自己的目标想办法。他现在的目标是当丞相，所以他觉得不仅蒙恬、蒙毅该杀，李斯也该杀。要说治国安民，赵高是一点儿都不懂。可是要说搞阴谋害别人，赵高是天下第一的高手。

他怎么害李斯呢？

**刑罚**　xíngfá　对犯罪的人进行处罚，比如打、关起来、杀头等。

**天怒人怨**　tiānnù-rényuàn　因为做了非常多的坏事儿，引起了百姓的不满。

**盗贼**　dàozéi　杀人、抢东西的坏人。

有一天，赵高去见李斯，看起来很发愁，低声下气地对李斯说：“丞相大人，现在关东各地盗贼四起，天下形势危急。可是皇上还调大量人力去修建阿房宫。我想给皇上提个醒，可是我一向地位很低，这种国家大事只有像您这样的重臣说才合适，您为什么不给皇上写个奏（zòu）书呢？”

李斯正为这事儿着急呢，一听赵高的话，就说：“我马上就写，请你留意皇上什么时候有空儿。”

过了几天，秦二世正跟几个美女亲热，赵高一看，机会来了，赶快派人给李斯送信说，皇上正闲着，赶快来。

李斯哪里知道这是赵高的阴谋，果然急急忙忙地求见秦二世。

秦二世正跟美女们玩儿得高兴，忽然听太监来报告说丞相求见，只好放开美女，叫李斯进来，自己一肚子的不高兴。

李斯报告了外面的情况，向皇帝提了一些建议。

可是，秦二世的心仍然在美女那里，李斯说什么他一句也没听进去，应付了几句，好不容易把李斯打发走了。

过了几天，秦二世又跟几个美女在宫里亲热。赵高又派人通知李斯，说皇上正空闲，赶紧来。

李斯又来求见秦二世。

秦二世跟美女们正玩儿在兴头上，一听李斯又来了，就气不打一处来，心想这李斯早不来晚不来，偏偏这时候来，他要干什么？

虽然很生气，可是他还是见了李斯。李斯一进门还是老一套，秦二世应付了几句把他打发走了。

这样一连三次，秦二世真的非常生气了。赵高一看时机到了，就开始说李斯的坏话。

他说："李斯参加了沙丘的事儿，可是没得到好处，所以心中不满。而且他的大儿子李由在三川郡当郡守，陈胜、吴广那些盗贼经过那里时，他不但不去打他们，我听说他们还有勾结，有书信往来。李斯权力这么大，远远超过了皇上您。所以，这个人很危险，皇上要小心呀。"

听赵高这么一说，秦二世就想把李斯马上抓起来。可是再一想，没有什么证据，把他抓起来不太好，应该先调查调查，就调查李斯的儿子李由通贼的事儿吧。

秦二世调查李由的事儿被李斯知道了。李斯很着急，他赶紧去见秦二世，想说明真相。可是秦二世去休养了，李斯见不着。

李斯突然明白了，这一切都是赵高搞的鬼。于是他联合了右丞相冯（féng）去疾（jí）、将军冯劫（jié），给秦二世写了一封奏书，说赵高可能造反。他举了历史上造反的一些例子，说赵高这个人很坏，现在权力在一人之下，万人之上，所以这个人非常危险。

可是，秦二世相信赵高。赵高是他的老师，这么多年来对自己一直很好，怎么会造反呢？他担心李斯利用自己的权力杀了赵高，就把李斯写奏书的事儿告诉了赵高。

赵高说："丞相怕的就是我赵高，如果我死了，丞相就要抢夺天下了。"

当皇帝的最怕的就是有人来抢自己的天下。听了这话，秦二世立刻就下令，把李斯抓起来，并且让赵高来审理。李斯被关进了大牢。右丞相冯去疾和将军冯劫，一看赵高派人来抓他们，知道一定会被赵高害死，所以他们就自杀了。

李斯非常气愤，他觉得自己很冤枉，自己这一辈子为大秦帝国做了那么多事儿，立了很多功劳，现在竟然落在一个小人手里。他也很着急，眼看着大秦帝国就要灭亡，秦二世竟然还在修宫殿，养狗马。他一定也很后悔，后悔跟赵高这个小人勾结，改遗诏，害死扶苏，让胡亥当了皇帝。

赵高看着李斯笑了，心想："平时你趾高气扬，看不起我，现在你终于落到我赵高手里了，看我怎么整

**审理** shěnlǐ 审查处理案子。
**大牢** dàláo 把有罪的人关起来的地方。
**趾高气扬** zhǐgāo-qìyáng 指一个人非常得意，骄傲自满。

死你！”

他给李斯定的罪名是：跟长子李由一起造反。他下令把李斯的族人和门客都抓了起来。

李斯虽然又气愤，又着急，又后悔，但是他没有自杀，他觉得自己还有希望。因为他的功劳大，而且自己完全是被冤枉的，他可以像以前写《谏逐客书》那样，给皇帝写奏书，也许能够让皇帝改变主意。

李斯花了自己的全部心血，在大牢里给秦二世写了一封奏书。可是这一回皇帝没有改变主意。因为秦二世根本没有看到，奏书到了赵高手里。

一个罪犯写什么奏书？赵高把奏书留下了。

“李斯，你承认自己造反吗？”赵高问道。

“我没有造反，说我造反你有什么证据？”李斯气愤地说。

“打！”赵高狠狠地说。

李斯被打得全身都是血。

“打死我，我也不承认。”李斯仍然咬着牙说，“我没有造反。”

“再打！”赵高说，“我倒要看看你的骨头有多硬。”

李斯被打得死去活来，最后终于顶不住了，只好承认了自己造反。

赵高是懂法律的，他知道，自己审完了，皇帝还会派别人来复审。复审的时候，李斯一定会翻供，说自己没有造反。所以，在复审官员到来以前，他先让自己的门客假装复审官，去审李斯。李斯一看复审官来了，果然翻供，不承认自己造反。赵高知道后，又把李斯打得死去活来。

李斯这才知道上了赵高的当。

过了几天，赵高又让人来假装复审官复审，李斯又翻供，结果又被赵高打得死去活来。这样一连好几次，都是赵高的门客假装复审官。李斯每一次都翻供，每一次都被打得死去活来。

后来，皇帝派来的真复审官来了，这一次，李斯没有翻供。他以为又是赵高派人来假装复审，所以不再翻供了。

可是这一次是真的复审，秦二世看到李斯自己承认了造反。

秦二世说："幸好有赵高，要不然我真被李斯出卖了。"

公元前209年，李斯被处死，灭九族。

李斯死得很惨，不过后人觉得他是活该。

# 二世而亡

李斯死了以后，赵高就当了丞相。

赵高在当郎中令的时候，因为干了很多杀大臣报私仇的事儿，他害怕大臣们向秦二世报告自己的恶事，说自己的坏话，就对秦二世说："天子是最高贵的，不能轻易让别人看见。而且皇上还年轻，每天上朝跟大臣们讨论国事，万一有说得不合适的地方，就让大臣们看到了您的短处。所以您不要跟大臣们见面，自己在宫中决定大事就行了。"

秦二世觉得这是个好主意，他正觉得每天上朝太累，挺烦人。

这样，大臣们要见秦二世就必须通过赵高，事无大小都由赵高说了算。大臣们很害怕赵高，恐怕得罪了他。

这时候已经是天下大乱，起义军正向咸阳杀来。

秦二世为什么不派军队去打起义军？

因为起义军势力太大，各地的秦军都被打败了。后来秦二世把原来蒙恬的边防军调去，这也挡不住。跟起义军相比，这点儿军队太少了。

公元前208年，当起义军杀到咸阳东郊的时候，秦二世派章（zhāng）邯带着几十万修秦始皇墓的犯人，组成军队去抵抗。章邯打败了起义军，一直往东追赶。后来又多次打败起义军，陈胜、吴广都死了。章邯还杀死了楚地的起义军领袖项（xiàng）梁（liáng）。

但是后来他遇到了项羽（yǔ），几次都被项羽打败。正在进退两难的时候，秦二世不但不支援他，反而派人去责问他。章邯害怕了，他派司（sī）马欣（xīn）去向秦二世说明情况。

司马欣到了咸阳，求见秦二世，可是赵高不让他见秦二世。等了三天，不管司马欣说什么，赵高都不相信。司马欣害怕了，连夜逃出了咸阳。赵高派人去追，没追上。

司马欣回到前线，跟章邯说："现在赵高掌权，情况非常不好，将军你有功会被杀，没有功也会被杀。"

这时项羽又来进攻了。章邯对天长叹，自己拼命打仗还有什么意义？不打了！于是他带领秦军投降了项羽。

秦二世严厉地责备赵高，身为丞相不努力做事，让盗贼越来越多。

赵高很害怕。搞阴谋、做坏事儿他很内行，可是那些起义军他哪里对付得了啊？他生怕秦二世一翻脸把他杀了，所以决定先动手。不过，在这之前他还要试一试还有谁敢不服从他。

有一天上朝，赵高让人带上来一头鹿（lù），对秦二世说："我得到一匹好马，献给皇上。"

秦二世一看觉得奇怪，这明明是一头鹿，怎么是马？难道自己的眼睛出毛病了吗？他问左右的人："这是一头鹿吧？”

大臣们多数人害怕赵高，不敢说这是鹿，都说这是马，只有少数人说是鹿。第二天，那些说是鹿的人都被赵高找借口杀掉了。

这就是有名的“指鹿为马”事件。从此没有人敢反对赵高。

秦二世不杀不行了，要不然赵高自己就会掉脑袋。

赵高派阎（yán）乐带着1000人进宫殿，去杀秦二世。为了防止阎乐中途改变主意，赵高把阎乐的母亲劫持为人质，使阎乐不敢背叛。阎乐杀死了宫中的卫士，让秦二世自杀。

秦二世说：“我可以见一见丞相吗？”

阎乐说：“不行。”

秦二世又说：“我不当皇帝，只当一个郡王可以吗？”

阎乐还是说：“不行。”

秦二世说：“那么，我当一个老百姓总可以了吧？”

阎乐说：“丞相要我为民除害，你不要多说了。”

秦二世没有办法，只好自杀了。这是公元前207年，这一年秦二世23岁，这个无道的家伙只当了两年多皇帝就死了。

秦二世死了，赵高不敢自己当皇帝。秦始皇的儿子已经被杀得一个不剩了，他只好让秦始皇的弟弟子婴（yīng）来当秦王。

为什么不是皇帝，而是秦王？因为当时除了关中这一块地方外，别的地方都已经是起义军的了，不能再称皇帝，所以又改回去称为秦王了。

子婴痛恨赵高，他决定杀死赵高。他跟自己的儿子商量，说："赵高叫我到祖庙去继位，我要是装病不去，赵高一定会亲自跑到家里来，到时候我就杀了他。"

子婴不去祖庙，赵高派人去请了多次都没用，他果然就亲自去请子婴。结果，他被子婴杀死。

这个罪恶的家伙，天下第一的阴谋家，最终也死于阴谋，被灭了三族。

子婴当了秦王，他想救秦国。可是大势已去，他做任何努力都没有用了。不久刘（liú）邦（bāng）就攻进咸阳，只当了46天秦王的子婴只能投降。

刘邦没有杀子婴。两个月以后，项羽入关，子婴被项羽杀死。

公元前206年，秦帝国灭亡。

秦始皇曾经设想，秦帝国从他开始，二世、三世可以传到万世。谁能想到，这么强大的秦帝国，不到15年时间就二世而亡了。

当初，秦始皇听了"亡秦者胡也"以后，以为"胡"就是北方的胡人匈奴。但是他没想到，这个"胡"不是胡人，而是他的儿子胡亥。

实际上，也不是胡亥，而是秦始皇自己。

他的暴政把秦帝国推到了全国老百姓的对立面，老百姓被他搞得活不下去，人人都想造反。当起义之火一点起，立即遍地大火，势不可挡，秦帝国怎么能不灭亡？再加上胡亥和赵高做了这么多坏事儿，大秦帝国怎么能不灭亡呢？

# 生词表

# 附录：第三级 1200 字表

A

阿 啊 挨 矮 爱 安 岸 按 暗 傲

B

八 吧 拔 把 爸 白 百 摆 败 拜 班 般 搬
板 办 半 帮 傍 包 宝 饱 保 报 抱 杯 北
备 背 倍 被 本 笨 逼 鼻 比 笔 必 闭 避
边 编 便 变 遍 表 别 冰 兵 饼 并 病 脖
补 不 布 步 部

C

擦 猜 才 材 采 彩 踩 菜 参 餐 藏 草 厕
层 插 查 茶 差 拆 柴 产 长 尝 常 场 唱
抄 超 朝 吵 车 尘 沉 晨 称 趁 成 承 诚
城 乘 程 吃 池 迟 持 尺 齿 冲 虫 愁 丑
臭 出 初 除 楚 处 穿 传 船 窗 床 吹 春
词 此 次 刺 从 聪 粗 催 村 错

D

达 答 打 大 呆 代 带 待 袋 戴 单 担 胆
但 弹 淡 蛋 当 挡 刀 导 岛 倒 到 道 得

德 的 灯 等 低 敌 底 地 弟 递 第 点 店
钓 调 掉 跌 顶 订 定 丢 东 冬 懂 动 冻
洞 都 斗 抖 读 独 堵 肚 度 渡 端 短 段
断 堆 队 对 蹲 顿 多 夺 朵 躲

E

鹅 恶 饿 儿 而 耳 二

F

发 法 翻 烦 反 犯 饭 方 防 房 访 放 飞
非 费 分 纷 粉 份 奋 愤 风 封 夫 扶 服
福 府 父 付 妇 负 附 复 副 富

G

该 改 盖 概 干 赶 敢 感 刚 钢 高 搞 告
哥 割 歌 隔 个 各 给 根 跟 更 工 弓 公
功 攻 供 宫 共 沟 狗 购 够 估 姑 古 骨
鼓 故 顾 刮 挂 怪 关 观 官 管 惯 光 广
规 鬼 贵 跪 滚 国 果 过

H

孩 海 害 寒 喊 汉 汗 好 号 喝 合 何 和
河 盒 贺 黑 很 恨 红 后 候 乎 呼 忽 胡
湖 糊 虎 互 户 护 花 化 划 画 话 坏 欢

还 换 荒 慌 黄 灰 恢 挥 回 悔 会 昏 婚
混 活 火 伙 或 货 获

J

击 圾 机 鸡 迹 积 绩 激 及 级 即 极 急
集 几 己 挤 计 记 纪 技 际 季 既 济 继
寄 加 家 价 驾 架 假 嫁 稼 尖 坚 间 肩
捡 减 剪 检 简 见 件 建 健 渐 箭 江 将
讲 奖 降 交 郊 骄 角 脚 叫 较 教 接 街
节 结 她 姐 解 介 界 借 今 斤 金 仅 紧
尽 劲 近 进 禁 京 经 惊 睛 精 景 净 竟
敬 境 静 镜 九 久 酒 旧 救 就 居 举 句
拒 具 据 卷 决 绝 觉 军

K

卡 开 砍 看 康 扛 抗 考 烤 靠 科 棵 颗
可 渴 克 刻 客 课 肯 空 恐 口 哭 苦 块
快 筷 宽 况 捆 困 扩

L

垃 拉 啦 来 拦 蓝 篮 懒 烂 郎 狼 劳 老
乐 泪 类 累 冷 离 礼 里 理 力 历 厉 立
丽 利 励 例 俩 连 怜 联 脸 练 良 凉 粮

两　亮　谅　辆　量　聊　了　料　邻　林　临　零　龄
领　令　另　流　留　六　楼　路　旅　绿　乱　轮　论
落

M

妈　麻　马　骂　吗　埋　买　卖　满　慢　忙　毛　冒
帽　貌　么　没　每　美　妹　门　们　梦　迷　米　秘
密　面　灭　民　名　明　命　摸　母　木　目

N

拿　哪　内　那　奶　男　南　难　脑　闹　呢　能　泥
你　年　念　娘　鸟　您　牛　农　弄　努　怒　女　暖

P

爬　怕　拍　排　派　乓　旁　胖　跑　陪　盆　朋　碰
批　皮　疲　脾　匹　片　偏　篇　骗　漂　飘　票　拼
品　乒　平　瓶　坡　婆　破　扑　普

Q

七　妻　戚　期　欺　齐　其　奇　骑　旗　起　气　弃
汽　器　千　牵　前　钱　浅　欠　枪　强　墙　抢　悄
敲　桥　切　且　亲　侵　青　轻　清　情　晴　请　庆
穷　秋　求　球　区　取　去　全　劝　缺　却　确　群

R

然 嚷 让 扰 绕 热 人 忍 认 任 扔 仍 日

容 肉 如 入 软 弱

S

撒 赛 三 伞 散 扫 嫂 色 杀 沙 傻 晒 山

闪 善 伤 商 上 烧 稍 少 绍 蛇 舍 设 社

射 伸 身 深 神 升 生 声 胜 绳 省 剩 失

师 湿 十 什 石 时 识 实 拾 食 史 使 始

士 世 市 示 式 事 势 视 试 室 是 适 收

手 守 首 受 瘦 书 叔 舒 输 熟 术 束 树

数 摔 双 谁 水 睡 顺 说 私 思 撕 死 四

送 诉 速 酸 算 虽 随 岁 碎 损 所 锁

T

他 它 台 抬 太 态 谈 汤 堂 糖 躺 趟 逃

讨 套 特 疼 梯 踢 提 题 体 替 天 田 甜

挑 条 跳 贴 铁 厅 听 庭 停 挺 通 同 铜

童 统 桶 痛 偷 头 透 突 图 涂 途 土 团

推 腿 退 拖 脱

W

挖 外 弯 完 玩 晚 碗 万 王 往 忘 望 危

为 围 伟 卫 未 位 味 胃 喂 温 文 闻 问

| | | | | | | | | | | | | |
|---|---|---|---|---|---|---|---|---|---|---|---|---|
| 我 | 握 | 屋 | 无 | 五 | 午 | 伍 | 武 | 舞 | 务 | 物 | 误 | 雾 |

X

| | | | | | | | | | | | | |
|---|---|---|---|---|---|---|---|---|---|---|---|---|
| 西 | 吸 | 希 | 息 | 悉 | 惜 | 习 | 洗 | 喜 | 系 | 细 | 下 | 吓 |
| 夏 | 先 | 鲜 | 闲 | 显 | 险 | 县 | 现 | 线 | 献 | 乡 | 相 | 香 |
| 箱 | 响 | 想 | 向 | 像 | 消 | 小 | 校 | 笑 | 些 | 鞋 | 写 | 谢 |
| 心 | 辛 | 新 | 信 | 兴 | 星 | 行 | 形 | 醒 | 姓 | 幸 | 性 | 兄 |
| 胸 | 休 | 修 | 秀 | 袖 | 须 | 需 | 许 | 续 | 选 | 学 | 雪 | 血 |

Y

| | | | | | | | | | | | | |
|---|---|---|---|---|---|---|---|---|---|---|---|---|
| 压 | 呀 | 牙 | 烟 | 严 | 言 | 颜 | 眼 | 演 | 宴 | 验 | 扬 | 羊 |
| 阳 | 养 | 样 | 腰 | 摇 | 咬 | 药 | 要 | 爷 | 也 | 野 | 业 | 叶 |
| 页 | 夜 | 一 | 衣 | 医 | 宜 | 移 | 疑 | 已 | 以 | 椅 | 义 | 异 |
| 易 | 意 | 因 | 阴 | 姻 | 音 | 银 | 引 | 应 | 英 | 迎 | 营 | 赢 |
| 影 | 硬 | 永 | 勇 | 用 | 优 | 由 | 油 | 游 | 友 | 有 | 又 | 右 |
| 于 | 鱼 | 雨 | 语 | 玉 | 预 | 遇 | 元 | 员 | 园 | 原 | 圆 | 援 |
| 远 | 怨 | 院 | 愿 | 约 | 月 | 越 | 云 | 运 | 晕 | | | |

Z

| | | | | | | | | | | | | |
|---|---|---|---|---|---|---|---|---|---|---|---|---|
| 杂 | 砸 | 灾 | 再 | 在 | 暂 | 赞 | 脏 | 糟 | 早 | 澡 | 造 | 责 |
| 怎 | 曾 | 增 | 摘 | 展 | 占 | 战 | 站 | 掌 | 丈 | 找 | 照 | 者 |
| 这 | 真 | 阵 | 争 | 征 | 睁 | 整 | 正 | 证 | 之 | 支 | 知 | 织 |
| 直 | 职 | 止 | 只 | 纸 | 指 | 志 | 治 | 中 | 终 | 种 | 众 | 重 |

周　猪　主　住　助　注　祝　抓　专　转　装　撞　追
准　捉　桌　着　子　字　自　总　走　租　足　族　组
祖　嘴　最　醉　尊　昨　左　作　坐　座　做

## 学汉语分级读物

### 历 史 故 事

认识 500 个汉字能看懂中国的民间传说吗？

认识 800 个汉字能读懂中国四大名著的经典故事吗？

认识 1200 个汉字能了解中国的历史名人吗？

**陈老师告诉你：能！**

本套“学汉语分级读物”，分三级，一共 50 本，内容丰富有趣，语言简单易懂。不论是学汉语的外国人、在国外的华人子女，还是学汉语的少数民族学生，甚至是国内的小学生，都可以轻松阅读。

| | | |
|---|---|---|
| 第 1 级<br>民间故事 10 册<br>500 字 | 第 2 级<br>文学故事 20 册<br>800 字 | 第 3 级<br>历史故事 20 册<br>1200 字 |

上架建议：汉语读物
ISBN 978-7-5619-5488-
9 787561 954881



定价：29.00 元